일본 선교사가 본
불교의 역사와 실체

일본 선교사가 본

불교의 역사와 실체

이종우

전문학교 일본신학교

추천사

　일본 주재 이종우 선교사의 저서『일본 선교사가 본 불교의 역사와 실체』의 출간을 기뻐하는 바이다. 일반인들은 불교에 대한 어렴풋한 상식을 가지고 있으나 불교의 실체를 잘 알지 못하고 있는 것이 사실이다. 이 추천사를 쓰는 사람 자신도 불교에 대승불교와 소승불교가 있다는 사실 정도의 상식을 가지고 있었으나 이 책을 읽기 전에는 불교의 일부인 정토종이라든지 밀교라든지 불교에 대하여 자세히 알지 못하였다.

　본서는 불교가 어떤 목적으로 어떻게 만들어졌는가? 불교의 기원과 발전이 어떻게 이루어졌는가? 불교의 각 종파 (소승불교, 대승불교, 정토종, 밀교 등)의 차이가 무엇인가? 불교의 각 종파가 각 국에 퍼지면서 어떻게 번창하고 쇠퇴하게 되었는가? 불교가 브라만교, 그리스종교, 조로아스터교, 유대교, 이슬람교, 힌두교, 도교, 경교, 유교, 무속신앙 등으로부터는 어떤 영향을 주고 받았는가를 알게 하여 준다.

　본서는 또한 불교가 인도, 스리랑카, 미얀마, 태국, 캄보디아, 튀르키에, 파키스탄, 아프가니스탄, 티베트, 중국, 일본, 한국, 페르시아 등으로 전래되면서 각 나라에서 어떻게 포교되고 발전하면서 상황화가 이루어졌는가? 등을 밝혀준다. 저자는 권위있는 학자들의 글을 인용하여 자신의 주장을 설득력 있게 펼칠 뿐만 아니라 친히 불교가 흥왕했던 나라들의 유적지들을 방문하여 눈으로 확인한 바를 이야기 하고 있다.

『일본 선교사가 본 불교의 역사와 실체』결론 부분에서 필자는 인간이 필요에 따라 목적을 가지고 만들어진 불교를 포함한 모든 종교들은 사람을 구원할 수 없다는 사실을 지적해준다. 저자는 "주 예수를 믿으라 그리하면 너와 네 집이 구원을 얻으리라"는 사도행전 16장 31절의 말씀처럼 주 예수를 주와 구주로 믿을 때만 참된 구원을 얻을 수 있다는 사실을 강조한다. 불교의 실제를 알고자 하는 분늘에게 필독을 권하는 바이다.

박기호

미국 풀러신학교 선교신학대학원 원로교수
아시아선교협의회장, 동서선교연구개발원장, 아시아선교학회장 역임

차 례

서 문

 나의 고향은 전북 정읍이며 과거에는 백제권이었다.

 내가 선교사역을 하고 있는 일본은 백제의 제26대 왕 성왕의 포교에 의해 불교국가가 되었다.

 일본의 역사를 공부할수록 계속되는 내전과 전염병과 기근과 지진 등의 재앙으로 불행의 역사였음을 알게 되었다.

 백제 역시 삼국 중 가장 먼저 멸망당하였고, 성왕은 신라군에게 잡혀 비참히 인생을 마감하였다.

 이뿐 아니라 2500년 간의 불교의 역사는 불행의 역사임을 알게 되었다.

 지금도 불교가 국교인 스리랑카, 미얀마, 캄보디아, 라오스, 티베트 자치국 등은 국가적으로 어려움이 계속되고 있다.

 해외 선교차 불교 유적지가 있는 네팔, 인도, 파키스탄, 스리랑카, 미얀마, 태국, 중국, 중앙 아시아 등 특히 파키스탄 북부지역인 간다라지역의 대승불교 유적지들을 여러차례 방문 조사하면서 소승불교, 대승불교, 정토종, 밀교 등 이름은 불교이지만 다른 종교임도 알게 되었다.

그래서 이 불교를 만든 실체도 증명하였다.

이 책이 불교권 선교사들과 불교 연구가들 그리고 불교인들에게 조금이나마 도움이 되길 바란다.

이 책을 출판 할 수 있도록 인도해 주신 주 예수 그리스도께 영광과 감사를 드리며, 원고 작성에 협력한 조카 채영에게 고마움을 전한다.

주후 2025년 4월 20일 부활주일
일본에서 이종우선교사

브라만교의 윤회(輪廻)와
카스트의 기원

아리아인들은 유목민으로 중앙 아시아와 남 러시아 초원에서 생활하는 호전적 민족이었다. 아리아인들이 서쪽으로 이동하여 유럽에 정착하여 독일 게르만 민족이 되었고, 동쪽과 서남쪽으로 이동한 아리아인들은 페르시아에 정착하였다.

그들의 일부가 페르시아에서 다시 동남쪽으로 이동하여 서북 인도로 들어가 인도의 펀자브 지방을 점령한 자들이 인도의 아리아인들이다.

BC 1500-1300년 경 호전적이며 전차와 철기 문화를 가진 아리아인들이 인더스 문명을 만든 유순하며 청동기 문화를 가진 드라비다인들을 손쉽게 정복하고, 인도의 선주민들을 합리적으로 다스리기 위해 만든 종교가 브라만교이다.

즉, 브라만교는 인도의 선주민인 드라비다인들을 다스리기 위해 카스트 제도를 만들어 계급사회의 상층부를 차지하고 인도 선주민들이 숙명적으로 카스트 제도를 받아들일 수 있도록 윤회사상을 강조하여 만들어진 종교이다.

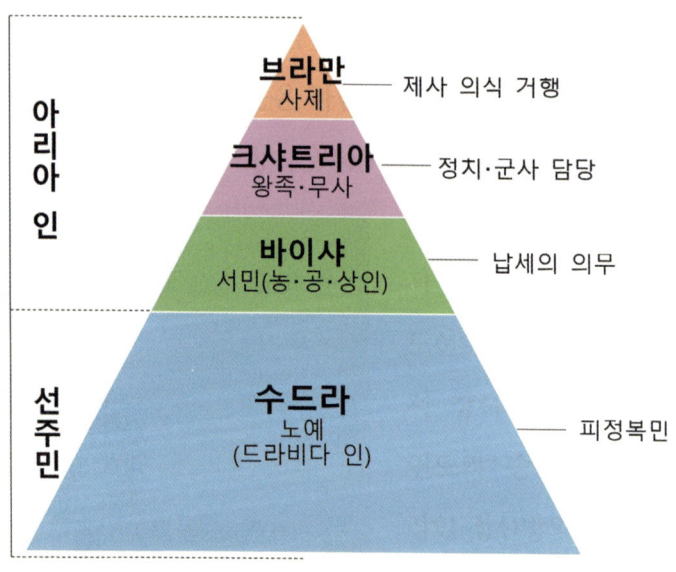

카스트 제도

브라만교의 카스트 제도와 윤회교리는 일본 천황과 그 자
손이 만 대까지 일본인들을 반항심 없이 다스리기 위해 만든
일본 신도(神道)의 고사기(古事記)의 건국 신화나 북한의 김
일성 일가가 북한 주민을 통치하기 위해 만든 주체사상과도
같은 것이었다.

불교의 기원과 발전

BC 600년 경부터 카스트의 신분제도와 윤회의 고통으로 부터 인간을 해방시키고자 하는 종교들이 인도에서 시작되었다. 대표적인 종교가 마하비라의 자이나교와 고타마 싯다르타의 불교이다.

고타마 싯다르타 (Gautama Siddhartha, BC560-480)

BC 560년 고대 인도 16대국 시대에 코살라 왕국의 작은 속국이었던 카필라 사카야(Shakyas)족의 국왕 슈도다나(Suddhodana)와 마야 부인(Maya Devi) 사이에서 장남으로 태어났다.

어머니 마야부인이 상아가 6개 달린 흰 코끼리가 옆구리로 들어가는 태몽을 꾸고 임신을 하였다고 한다. 당시의 풍습대로 출산하기 위해 수도 탈라우라콧(Talaurakot)에서 친정인 천비성(데바다하)으로 향하던 도중에 룸비니에서 옥수수 나무가지를 잡고 오른쪽 겨드랑이 밑에서 고타마 싯다르타를 낳았다고 전설되었다.

그러나 마야 부인은 싯다르타를 출산할 때 극심한 난산으로 7일 만에 숨을 거두었고, 싯다르타는 마야부인의 여동생 마하프라쟈파티에게 맡겨져 양육되어졌다.

싯다르타가 태어난 네팔의 룸비니는 오랫동안 알려지지 않았으나 1896년 독일인 고고학자 포이러 박사(Alois Anton Feohrer)에 의해 밝혀졌다.

북부 인도(현재 네팔)의 소수민족인 사카야 족의 왕자로 태어난 고타마 싯다르타는 16세 때 결혼하고 29세 때 출가하여 6년 간 극단적인 고행을 하였지만 깨달음을 얻지 못하고 중도(中道)적인 수행과 명상으로 35세 때 부다가야의 보리수 나무 밑에서 깨달음을 얻고 포교하기 시작하였다. 불공평한

계급사회의 카스트를 부정하고 누구나 인간은 평등하며 깨달음을 얻으면 윤회의 고통에서 벗어나 부처가 될 수 있다는 교리이다. 이것을 원시불교 또는 부파불교, 상좌부 불교, 소승불교 그리고 남방 불교라고 한다.

불교의 포교와 불행

틀린 교리(윤회)와 틀린 해답(해탈)

고타마 싯다르타는 처음에는 사르타트(녹야원, 鹿野園)에서 과거의 수행 동료였던 5명을 제자로 삼고, 그후 1,000명이 넘는 제자를 갖고 있었던 사상가 3형제를 제자로 삼음으로써 1,000여명이 넘는 교단이 되었다. 그후 마가다 왕국의 세 번째 왕조인 하이얀카 왕조의 국왕 빔비사라(BC543-

녹야원에서 저자 이종우 선교사

494)의 귀의로 수도 기리브라자에 죽림정사(竹林精舍)를 세워 큰 거점이 되었다.

그러나 불교가 크게 성장하도록 적극적으로 도왔던 국왕 빔비사라는 BC 494년에 앙가 왕국에서 귀환한 아들 아자타샤트루에 의해 감금되어 왕위에서 쫓겨났으며 이후 감금된 상태에서 사망하고, 하이얀카 왕조는 BC 413년 샤이슈나카 왕조에 의해 멸망하였다.

또한 코살라 왕조의 프라세나 지트(재위 BC 534-490)도 갓 창시된 불교를 전폭적으로 지원하였지만 BC 490년 아들 비두다바에 의해 폐위되어 망명 중 객사하였다. 코살라 왕조는 그후 마가다 왕국에 의해 BC 476년 멸망 당하고 말았다.

그리고 '수다타(須達多)'라는 부호는 광대한 토지를 매입하여 코살라 왕국의 슈라바스티에 기원정사(祇園精舍)를 건설해서 싯다르타에게 보시하고 나서 많은 부채를 지고 가세가 기울고 말았다.

싯다르타의 말년에는 코살라국의 비두다비 왕이 불교신자들인 샤카야 족을 침략하여 샤카야 족 전원을 섬멸시켰다. 이 소식을 들은 고령의 싯다르타는 큰 충격을 받고 크게 슬퍼하였다고 한다. 그뒤 극심한 두통으로 2년간 고생하다 80세에 쿠시나가르에서 죽음을 맞이하였다.

불교를 창시한 싯다르타가 태어남으로 어머니는 7일 만에 죽었으며, 싯다르타를 도왔던 빔비사라 국왕은 아들에게 쫓겨나 감금된 상태에서 비참히 죽었고, 코살라국 프라세나 왕도 아들에게 쫓겨나서 객사하였으며, 수다타 부호는 크게 보시하고 가세가 기울어 가난하게 되었고 무엇보다 더욱 비참한 것은 싯다르타의 인생 말년에 자신의 민족인 샤카야 족이 전멸 당하는 비극을 맞게 되었다. 이것은 싯다르타의 불교가 불행을 해결할 수 없고 구원도 줄 수 없다는 분명한 증거이다.

아리아인들이 인도 선주민들인 드라비다인들을 다스리기 위해 만든 브라만교의 카스트 제도와 윤회는 드라비다인들을 속이기 위한 거짓교리였다. 그러므로 거짓 교리인 윤회에서 벗어나려는 해탈이라는 것은 처음부터 틀린 해답이었다.

소승불교의 해외포교

마우리아 왕국의 3대 왕인 아쇼카(BC 269-233)는 인도 전체를 정복하며 세계 최대의 왕국을 세웠다. 그러나 이 정복 과정에서 수많은 사람들을 살생하여 사후 축생이 되거나 최하급의 사람으로 환생하는 윤회와 업보에 대한 두려움에서 해방받기 위해 불교에 귀의하고 BC 250년 경 수도 파탈리푸트라에서 제3차 결집을 하고 불교를 국교로 정하고 인도 전지역의 포교는 물론 해외 사절단을 만들어 적극적으로 스리랑카, 미얀마, 태국 등 해외에 불교를 포교하였다.

그의 아들 마힌다는 비구 승려가 되고 그의 딸 상가마타는 비구니가 되어 스리랑카에 파송되었다.

이들은 스리랑카의 왕 데바난피아 타사왕(BC250-210재위)의 도움으로 수도 아누라다푸라에 마하위하라 대사를 지어 스리랑카에 정통적인 소승불교의 비구교단과 비구니교단을 각각 세웠다.

불교를 적극적으로 포교했던 마우리아 왕조 역시 아쇼카왕의 사후 서서히 몰락이 시작되었다. BC 256년 디오도토스 1세에 의해 그리스-박트리아 왕조가 박트리아에 세워졌고, BC 180년에는 그리스-박트리아 왕국이 인도 북부를 공격하여 간다라 지역에 인도-그리스 왕국을 세웠다.

마우리아 왕조의 사령관이었던 푸사미트라가 쿠데타를 일으켜 숭가왕국을 세우고 마우리 왕국은 BC 184년에 멸망하고 말았다. 숭가 왕조(BC 184-73)는 불교정책을 폐지하고 브라만교를 적극 장려하였다.

스리랑카의 소승불교

전통직인 소승불교국가가 된 스리랑카도 10세기경 힌두교 쉬와 신을 숭배하는 남인도 드라비다인들인 촐라왕국의

침입으로 소승불교의 중심지인 수도 아누라다푸라가 점령되고 폐허가 되어 소승불교가 크게 위축되었다. 이로 인해 스리랑카의 비구니교단은 소멸되었다.

그러나 11세기 말 스리랑카 왕 위자야마후 1세(1058-1113)는 남인도의 촐라인들을 스리랑카에서 몰아내고 소승불교국가인 미얀마의 승려들을 초청하여 소승불교를 복귀시키고, 12세 중엽 쁘락크라마바후 1세에 의해 소승불교의 원형으로 복귀하였다.

그러나 16세기 이후 다시 포르투칼과 네델란드 등의 침략으로 식민지가 되어 불교는 다시 위축되었다.

1747년부터 1782년까지 캔디를 중심으로 통치했던 끼르티 스리 라자싱가왕은 태국의 소승불교의 승려 우빨리를 비롯하여 20여명의 승려들을 초청하여 캔디의 말왓따 사원에 머물게 하여 스리랑카 비구계 전통을 세웠다. 이때 세워진 교단이 현재 스리랑카의 소승불교의 최대교파가 되었다.

그러므로 현재의 스리랑카 불교는 아쇼카왕의 아들 마힌다에 의해 전해진 불교와 같다고 하기는 어렵다.

또한 국가적으로 외침과 내전 그리고 경제 부도 등으로 고통이 끊이지 않는 나라이다.

미얀마의 소승불교

미얀마는 지리적으로 인도와 인접하여 일찍이 불교가 들어와서 3-9세기에는 소승과 대승과 밀교가 모두 존재하였다. 인도에 힌두교를 장려하는 굽타왕조가 세워지면서 인도불교의 승단과 사원이 곤란을 겪을 때 미얀마 왕실이 인도의 사원과 승단에 많은 물질을 제공하였다.

　미얀마가 소승불교국가가 된 것은 버마족 아노라파왕이 1044년 미얀마의 최초 통일왕조 버간왕조를 세우고 스리랑카의 대사파 계통의 소승불교를 국교로 하고 스리랑카와 교류를 활발히 하였다. 그러나 1287년 몽고의 침입을 받고 200년간 분열과 큰 혼란한 기간을 보내게 되었다.

　이 시기에 한타와디왕국의 승려 출신인 담마체띠왕(1472-1492)이 1475년 차트라투타와 라마투타 2명의 정부각료와 22명의 승려로 구성된 대규모의 파견단을 스리랑카에 파견하여 스리랑카의 승단의 율법을 가져와 적극적인 소승불교

정책을 폈다.

19세기 말 영국의 침입으로 왕정이 무너지고 불교승단도 약화되었으나 1960년대에 들어와 사회주의를 표방하고 정부가 불교를 적극적으로 옹호하고 있으나 국가가 내전과 지진 등으로 다시 혼란 속에 있다.

1813년 불교의 국가 미얀마에 최초의 해외 선교사로 미국의 애도니럼 저드슨이 양곤에 도착하여 수많은 죽음의 위기를 극복하면서 카렌족을 선교하였다. 그의 선교로 카렌족은 기독교인이 많다. 그의 선교가 기폭제가 되어 1886년 미국의 많은 대학생들을 통해 학생 자원 선교운동이 일어나게 되고 이로 인해 미국은 세계 최강의 국가가 되었다.

태국의 소승불교

태국도 초기에는 소승, 대승 그리고 힌두교 등 여러 종교가 혼재되어 있었다.

스코타이왕조는 미얀마의 아노라타왕이 채택한 소승불교를 중심으로 하기 시작하여 14세기 후반 아유타야 왕조의 라나디파티 1세가 소승불교를 국교로 하였다.

1361년 시리스리야반살마왕은 스리랑카로 사신을 파견해서 스리랑카의 대사파 소승불교를 배우고 오도록 했다.

1750년 스리랑카가 네델란드와 카톨릭의 탄압으로 승단의 맥이 끊어지자 태국의 소승불교 교단의 승려들이 스리랑카에 가서 소승불교를 부활시켰다. 이 승단의 이름이 씨얌파이고 현재 스리랑카의 최대 승단이 되었다.

캄보디아의 소승불교

캄보디아는 다른 소승불교국가들에 비해 힌두교와 대승불교가 오랫동안 번성하였다.

특히 크메르 제국의 수르야바르만 2세는 영토를 크게 확장하고 힌두사원 건축에 열정을 가지고 자신의 무덤인 앙코르와트 등을 비롯한 거대한 힌두사원을 건축하였다.

13세경 태국이 캄보디아를 침략하여 크메르왕조가 쇠퇴하기 시작하면서 태국의 소승불교를 받아들여 소승불교국가가 되었다.

1863년부터 프랑스 식민지가 되고 1940년에는 일본에 점령당하였다. 베트남 전쟁이 끝나고 1975년부터 1979년 4년

간 크메르 루즈에 의해 100만여명 이상이 학살을 당하는 비극이 일어났다. 그리고 현재의 소승불교는 세월이 지나면서 대승불교 등과 혼합되어져서 초기의 소승불교와는 다른 불교가 되고 말았다.

태국의 왓 프라깨우 사원

초기 대승불교의 기원과
그리스인의 후예들

그리스의 마케도니아 왕국 알렉산드로스 대왕은 BC 326 년 인도 북부 간다라 지역까지 정복하고 그리스인들을 이주시켜 헬레니즘 문화를 만드는 정책을 폈다.

그 후 인도 마우리아 왕조의 아쇼카 대왕이 간다라 지역을 정복하고 BC 250년경에 많은 불탑들과 사원들을 세웠다. 아쇼카왕의 사후 마우리아 왕조가 멸망한 후 중앙아시아의 박트리아 지역에 살던 그리스의 후예들이 BC 180년에 이 지역을 정복하고 인도-그리스 왕국을 세웠다. 인도-그리스 왕국(BC 180~AD 10)의 언어는 코이네 그리스어이며 종교도 다신교인 그리스 종교였고, 문화도 정교한 조각을 하는 헬레니즘의 그리스 문화였다.

인도 그리스 국왕 메난드로스 1세 소테르(일명 밀린다 Milinda BC 165-130 재위)는 아프카니스탄과 인도 북부 일대의 넓은 영토를 정복하고 불교를 수용하는 정책을 폈다. 그와 비구 나가세나와의 대화는 불교경전인 밀린다 불경에 기록되어 있다.

그리스인들과 같은 외국인들이 브라만교를 믿으면 최하위 카스트의 신분이 되므로 브라만교는 수용하지 않고 불교를 수용하는 정책을 폈던 것이다. 그들은 인도 북부지역을 지배하며 불교를 수용하였다. 그러나 그리스인의 후예들이 엄격한 계율을 지키며 고행과 명상으로 깨달음을 통하여 윤회에서 해방하는 소승불교는 실천하기 힘든 종교였다.

그래서 그리스 종교처럼 석가를 신격화하고 불상을 조각하는 대승불교가 기원 1세기 이후부터 서서히 퍼지게 되었다. 대승불교는 그리스인의 후예들이 그리스 종교의 사상으로 만든 타력종교이다.

그러므로 대승불교는 그리스 종교와 혼합된 종교로써, 자력으로 깨달음을 통한 소승불교와는 근본적으로 다르다. 소승불교 시대는 불상을 제작하지 않았으므로 무불상 시대라고 한다. 그러나 대승불교는 인도 북부 간다라를 중심으로 그리스식 조각으로 불상을 제작하기 시작하였다. 불상의 얼굴이나 옷차림은 모두 그리스인들의 것이다. 이것을 간다라 불상이라고 하며 탁실라(Taxila) 박물관과 페샤와르(Peshawar) 박물관에 많이 보존되어 있다. 이 박물관들의 안내자들은 간다라 불상들은 그리스인에 의해 조각되었다고 설명하고 있다. 이 곳에 있는 불상 중에는 그리스의 신들이 함께 조각되어 있는 불상도 있다.

이상의 증거 등으로 대승불교의 기원은 인도-그리스 왕조 시대에 간다라 지역에서 그리스의 후예들에 의해 그리스 종교의 영향을 받고 AD 3년 경에 시작되었음을 분명히 알 수 있다.

인도-그리스 왕조도 불교를 적극적으로 받아들인 메난드로스 1세가 죽은 뒤 급속히 쇠퇴하여서 스카티아 사카족에 의해 멸망되고 말았다.

탁실라 박물관

페샤와르 박물관

초기 대승불교의 기원과 그리스인의 후예들　　31

소승불교는 인도 중부 지역의 인도 아리아인들의 사상에서 시작된 자력종교이며, 대승불교는 인도의 북부를 점령한 그리스인들의 사상에서 시작된 타력종교이며 쿠샨왕조 시대 (AD 30-375년)에 크게 발전되었다.

2~4세기경 석가의 불상

2~3세기경 석가와 그리스 신들

간다라 지역의 다르마라지카 불탑

간다라 TAKHT-I-BHA 불교 유적지

대승불교의 기원과
쿠샨왕조

　BC 135년 경 이란계 유목민인 인도 유럽인인 월지족 토하라인들이 그리스어를 사용하며 그리스 문화를 가진 박트리아를 정복하고 AD 30년에 간다라 지역을 중심으로 쿠샨왕조를 세웠다. 이들의 원래 종교는 조로아스터교였으며 코이네 그리스어 언어와 그리스 문화를 자기들의 것으로 받아들였다. 또 간다라 지역과 인접한 파르티아 제국(Partia, BC 240-AD 227)은 페르시아로서 조로아스터교 국가였다.

　쿠샨 왕조는 그 지역에 이미 널리 퍼져있는 그리스 후예들이 만든 대승불교를 수용하였고, 대승불교를 크게 발달하게 하였다.

쿠샨 왕조 3대 왕 카니슈카 1세(AD 120-144)는 영토를 크게 확장하고 인도 카슈미르에서 종교회의를 개최하고 대승불교를 국교로 정하였다. 그 이유는 이들은 인도 아리아인들이 아니므로 카스트의 중상위 계급을 가질 수 없으므로 브라만교를 국가 종교로 택할 수 없었기 때문이다. 카니슈카 1세는 적극적으로 실크로드를 통해서 중앙아시아와 둔황을 거쳐서 중국 등으로 대승불교의 승려들을 보내어 해외포교를 하였다. 그래서 이것을 북방불교라고도 한다.

그리고 고행과 수행을 통해 자력으로 윤회에서 해탈하려는 실행하기 어려운 소승불교 사상을 받아들이기 보다는 그리스 종교와 조로아스터교의 사상인 타력으로 하는 쉬운 대승불교를 채택하게 되었다. 이로 인해 본격적으로 그리스 조각 문화를 적용하여 소승불교 시대 때는 없었던 불상 제작이 크게 발전하여 그리스 양식의 간다라불상이 크게 발전하게 되었다.

간다라 불교의 최고 권위자인 미국의 리차드 솔로몬 교수는 대승불교는 긴디라 지역에서 만들어졌다고 주장한다. 가장 오래된 불경은 대부분이 간다라 지역에서 발견되었다.

1930년대와 1970년대에 간다라의 중심 유적지였던 하다에서 약 23,000점에 달하는 그리스식 조각품인 간다라 불상들과 유물들이 출토되었다

　　쿠샨 왕조 때 로마와 많은 교역을 하였으며 사용한 금화에는 그리스어가 주조되었고 한 면에는 카니슈가 1세 자신의 모습과 다른 한 면에는 그리스신과 박트리아신 그리고 조로아스터교와 불교의 신들이 주조되어 있다.

카니슈카의 금화

　　쿠샨왕조는 영토를 확장하여 인도 델리 부근의 마투라를 정복하고 수도로 삼아 이 지역에서도 3세기경에는 인도 아리아인과 드라비다인들에 의해 만들어진 마투라식 불상이 크게 발달하게 되었다.

그러므로 불교계에서는 대승불교의 정통성을 주장하기 위해서 대승불교가 소승불교의 발생지인 인도 중부 지역에서 용수(AD 150-250?)에 의해 창시되었다고 주장하지만, 이 설은 역사적, 고고학적으로 너무나 모순이 많다. 불교계에서 대승불교가 그리스 종교와 조로아스터교의 영향을 받고 인도 북부지역인 간다라 지역에서 시작되었다고 하면 대승불교의 정통성이 상실되므로 대승불교의 정통성을 갖기 위한 주장이다. 용수라는 인물은 추악하고 방탕한 사람이었으나 히말라야 산에서 기도하고 깨달음을 얻어서 그가 만든 것이 대승불교라고 주장한다. 그러나 만일 그가 대승불교의 승려였다면 인도 북부지역인 간다라 지역에서 기원 후 1세기 경에 만들어진 대승불교를 처음으로 인도 중부 지역에서 받아들인 승려였을 것이다.

대승불교는 쿠산제국 시대에 간다라 지역에서 그리스 신화와 조로아스터교 그리고 기독교를 혼합하여 만든 종교이다.

정토종의 발전과 중국

AD 1세기에 간다라 지역을 중심으로 쿠샨 제국을 건국한 월지족들은 조로아스터교를 믿는 민족이었다. 조로아스터교는 일신교로 페르시아의 종교였으며 BC 537년 바벨론을 무너뜨리고 페르시아를 건국한 키루스 대왕이 포로로 끌려와 총리가 되었던 다니엘에 의해 유대교의 영향을 받고 BC 537년 칙령을 내려 유대인들을 포로에서 해방시켜 이스라엘 예루살렘으로 귀환시켰다.

그리고 크세르크세스 1세 (BC 486-465) 재위 시대에 유대인이었던 에스더와 그의 삼촌 모르드개의 영향으로 유대교의 하나님을 페르시아 국민들이 믿도록 장려한 내용이 성경에 기록되어있다.

조로아스터교는 일신교인 유대교의 영향을 받고 만들어진 종교였다. 간다라 지역과 인접한 나라가 조로아스터교를 국교로 한 페르시아 제국이었다. 예수 그리스도의 탄생을 별을 보고 알고 찾아와 예물을 드리고 경배하였던 마태복음 2장의 동방박사들은 조로아스터교의 사제들이었다. 일신교인 조로아스터교를 믿는 월지족이 그리스인들이 세운 그리스-박트리아, 인도-그리스를 정복하고 대승불교를 받아들이며 또한 한편으로는 그리스종교와 혼합시킨 초기 대승불교와 조로아스터교를 혼합시킨 정토종을 만들기 시작하였다.

정토종은 그리스 종교와 혼합하여 만들어진 초기 대승불교와 달리 조로아스터교와 기독교가 혼합되어 만들어진 또 다른 대승불교이다. 정토종(浄土宗)은 대승불교로부터 나온 종파이다.

AD 320년 그리스종교와 혼합된 대승불교는 쇠퇴하기 시작하였다. 그 이유는 AD 320년 굽타 제국이 대승불교를 국교로 한 쿠산제국을 무너트리고 힌두교를 장려하였기 때문이다.

마침 이 시기에 기독교는 AD 313년 로마 황제 콘스탄티누스가 공인하여 크게 확장되는 시기였다. 그리고 AD 330년 수도를 터키지방의 콘스탄티노플로 옮겨 로마보다 그리스와 터키지방에 더 많은 기독교인들이 있었다. 이로 인해 당연히 터키에서 가까운 아프가니스탄과 파키스탄 북부 간다라지역에 살고 있았던 그리스 후예들에게도 활발한 교역과 함께 기독교가 널리 전파되었다. 그뿐 아니라 사도 도마는 1세기 간다라 지역까지 선교하였다는 전승과 도마 기념교회도 현재 세워져 있다.

탁실라 사도 도마 기념교회

간다라 지역에 살고 있었던 그리스 후예들이 만든 대승불교에 조로아스터교 또는 기독교를 혼합하여 섞어서 강한 종교를 만들게 되었다. 그 증거로 간다라 지방의 페르샤와 박물관에 전시되어 있는 4-6세기에 만들어진 불상들에는 명상하는 석가모니 위에 여러 천사들이 조각된 불상들이 전시되어있다.

석가와 천사들

이로 인해서 소승불교나 초기 만들어진 대승불교에 없었던 천국을 모방한 극락정토나 예수 그리스도를 모방한 정토종의 본존불인 아미타불과 관음보살이나 미륵을 만들어 보다 강력한 대승불교인 정토종이 만들어지게 되었다.

프랑스의 인도학자 레비(S.Levi)는 그의 「인도와 세계」라는 저서의 「불교 인문주의」라는 원고에서 정토종의 아미타불 사상을 기독교의 교의에서 도입된 것이라고 주장하였고, 불국사의 권위자인 A.E.골든은 미륵의 어원을 조사한 결과 히 브리어의 메시야, 헬라어로는 그리스도라고 단정지었다. 일 본의 불교학자 미치바다도「기독교의 감화를 받아 성립된 불 보살」이라는 책을 통해 미륵보살은 기독교의 감화를 받아 성 립된 불보살이라고 주장하였다.

정토종이 기독교적 사상과 혼합된 대승불교라는 또 다른 분명한 증거는 정토종의 사상이 실제로 들어 있는 불경은 AD 300-400년 경 그리스인들의 후예들이 많이 살고 있었던 간다라의 페샤와르에서 활동했던 세친(世親, AD 300-400) 이 만든 불경인 『無量寿経優婆提舎願生偈)』,『浄土論』,『往生 論』등이기 때문이다.

정토종은 중국의 산서성(山西省)의 담란(曇鸞, AD 476-542)이 世親의 『浄土論』을 주석・한문으로 번역하므로 중국 에서 정토종이 정립되게 되었다. 중국에서 정토종이 크게 발 전하게 된 것은 도작(道綽, AD 562-645)의 제자였던 선도(善導, AD 613-681)가 정토교의 근본경전인 「정토삼부경(浄 土三部経)」을 완성시켰으며 또한 「観想念仏」이 아닌 「称名念

仏」를 주장했으며 이것과는 별도로 혜일(慧日, AD 680-748)도 염불을 주장해서 염불 불교가 확립되었다. 일본의 불교학자 등전광달은 정토 3부경은 기독교적 영향을 입었다고 주장하였으며, 정토경전의 중국어 한역자 75인의 출신지들이 모두 중국 경교의 중심지의 사람들이었다고 밝혔다.

인도보다 중국에서 정토종이 크게 발전하게 된 이유는 기독교의 교파 중 하나인 네스토리우스라고 하는 경교(景教)의 페르샤(이란)의 여러 선교사들이 AD 635년 당나라 태종(太宗)때 장안(長安)에 도착하였는데, 태종이 수용함으로써 단시간에 크게 성장하여 불교에 지지 않을 만큼 많은 신자들이 생겨났으며 특히 지위가 높은 사람들 사이에 많이 믿었다. 그 증거로 AD 781년 대진경교유행중국비(大秦景教流行中國碑)가 장안(長安)에 세워졌다.

대진경교유행중국비

기독교의 구원교리인 예수 이름만 부르면 구원을 얻는다는 쉬운 종교를 모방하여 어려운 소승불교나 그리스종교와 혼합한 초기 대승불교를 배제하고 염불만으로도 극락왕생하는 구원을 얻는다는 기독교식 불교인 정토종이 인기를 얻고 발전하게 되었다.

즉 인도에서 기독교적 사상이 섞인 정토종이 시작되어 중국에 들어와서 경교의 영향으로 더욱 기독교적 사상의 타력구원과 염불 불교로 확립이 되어 발전하게 되었다.

굽타왕조 시대와 힌두교

실크로드를 통해서 중앙 아시아와 티베트, 중국, 한국, 일본까지 대승불교를 전파하였다. 이렇게 불교를 적극적으로 보호하고 포교했던 쿠샨 왕조도 카니슈가 1세가 죽은 후 급속히 쇠약해져 이란의 사산 왕국에 의해 AD 375년 멸망을 받았다.

소승불교를 적극적으로 보호하고 포교했던 갠지스 강 유역의 파탈리푸트라를 수도로 한 마우리 왕조의 멸망으로 인도 중남부는 굽타 왕조(AD 320-550) 때부터 현재까지 힌두교 국가로 돌아갔다. 그리고, 대승불교를 국교로 정하고 적극적으로 포교했던 인도 북부 탁실라와 마투라를 수도로 한 쿠샨 왕조는 이란의 사산 왕조에게 멸망을 받았다. 인도 북부는 델리 술탄국 시대부터 이슬람교가 되었고, 현재 이슬람 국가인 파키스탄과 아프카니스탄이 되고 말았다.

사산제국(AD 224-651)은 페르시아인 중심으로 이루어진 왕국으로 페르시아어를 사용하며 종교는 유일신교인 조로아스터교를 믿는 제국이었다.

쿠샨왕조가 사산왕조에게 멸망 당한 후 인도 중남부에 굽타왕조(AD 320-415)가 세워졌고 종교는 대승불교에서 힌두교로 바뀌었다. 힌두교는 계급을 강조하는 브라만교가 평등을 강조하는 불교의 영향을 받아 대중적인 종교로 만들어진 종교이다. 이 시대는 인도의 고전문학과 예술의 부흥기(황금기)라고 불리운다.

힌두교는 인도의 토속 신들인 '브라흐마-비슈누-시바'의 3신 신앙이 이때 본격화 되었으며 왕은 힌두교의 화신(라자)으로서 권위를 누렸다.

아리아인들이 중심이 된 굽타왕조가 그리고 국가 재정비를 위해, 대승불교 대신 힌두교를 적극 후원한 이후, 대승불교는 급속히 쇠퇴하기 시작하였다. 그래서 인도는 다시 힌두교로 복귀하게 되었다.

이 시대의 공통 언어는 산스크리트어, 공통 문자는 굽타 문자였다. 학문도 크게 발전하여 0의 숫자 개념과 십진법을 기반으로 한 아라비아 숫자를 처음으로 만든 것도 이 시대였다.

굽타제국(AD 320-540)은 찬드라굽타 2세(AD 375-415)가 재위 중 인도의 문학과 예술의 가장 부흥기로 불리운다. 이때 중국의 구법승 법현이 AD 405-411년 인도를 여행하고 불국기(仏国記)를 남겼다. AD 627-641년 당나라 현장은 인도를 방문하고 대당서역기를 기록하였다. 그러나, 이 시기는 이미 인도는 힌두교가 주종교

칸치프람 힌두교 사원

가 되었고 불교는 이미 쇠퇴의 길을 걷기 시작하였다.

계급을 강조하는 브라만교가 평등을 강조하는 불교의 영향을 받아 불교와 같이 대중적인 종교로 변신하여 만든 것이 힌두교이다. 굽타제국이 장려하므로 다시 힌두교 국가로 돌아가게 되었다.

스리랑감 힌두교 사원

밀교의 뿌리와 역사

AD 4세기경 아리안인들이 다시 권력을 잡은 굽타왕조의 시대가 시작되면서 불교대신 카스트제도를 중요시하는 힌 두교를 장려하는 정책으로 되 돌아 왔다. 힌두교는 브라만교 를 누구나 쉽게 접할 수 있도록 인도의 토속신들인 비슈누와 시바를 최고의 신으로 하는 종 교로 생활 속에서 가까이할 수 있는 기복종교로 변신되었고

힌두교의 시바신

성관계하는 조각들

카스트의 상위 계급들인 아리아인들이 하위 계급인들을 다스리기 쉽도록 카스트를 중요시 하는 동시에 노동력을 확보하기 위해 하위계급인들의 숫자를 많이 늘어 나게 하기 위해서 성적 쾌락을 강조하고 그리고 열심히 노동하도록 하기 위해 돈의 중요성을 강조하는 종교로 탈바꿈 시켰다. 힌두교의 사원에는 남녀가 성관계를 하는 조각들이 많이 있다.

인간의 욕망을 억제시키는 불교는 기복주의 종교인 힌두교에 밀려 AD 5세기경부터 급속히 쇠퇴하게 되자 불교도 힌두교와 혼합하여 인도의 신들을 숭배하고 성욕과 물질을 중요시 하는 밀교를 만들었다.

밀교는 소승불교나 대승불교에는 없는 주술을 사용하는 샤머니즘적 기복종교이다.

밀교는 티베트에 7세기 송첸 감포 왕(Srong btsan sgam po, 605-650) 때부터 본격적으로 전해진다. 이후 8세기 티송 데첸 왕(Khri srong lde btsan, 755-794)이 인도 날란다 사원의 승원장 샨타락쉬타(Śāntarakṣita)와 티베트에서 '제2의 부처'라 여겨지는 밀교의 대성취자(mahasiddha) 파드마삼바바(Padmasambhava)를 인도로부터 초빙하고 불교를 국교로 정하면서 티베트 불교가 완전히 정착했다.

중국에는 753년 불공(不空)이 『금강정경』을 번역하여 밀교의 정통 사상인 중기 밀교가 중국에 전래되었다.

다시 중국에서 일본 승려 공해(空海)에 의해 AD806년 일본에 전달되었다.

티베트불교에서는 사찰에 남녀가 성관계하는 그림(환희도)과 불상(환희상)도 있으며 결혼식을 하면 신부는 승려와 초야를 보내는 행사를 하는 악습들이 있었다.

일본에서도 밀교의 하나인 진언입천류(真言立川流)에서는 성욕을 권장하는 경전인 이취경(理趣経)을 그대로 적용히여 승려와 여신도가 성적 관계를 갖는 일이 있었다.

한반도에도 신라시대에 중국에서 밀교가 들어와 고려시대에 크게 성행하였으며 고려 때 불교가 무속과 혼합하고 승려들이 물욕과 색욕으로 타락이 극심했던 것도 밀교불교와 관련이 있었다.

술을 가득히 진열한 법당

현재 중국 서안에 있는 티베트밀교 광인사(廣仁寺)의 한 법당에는 온갖 독한 술을 가득히 진열해 놓아 술 냄새가 진동하고 있다. 이와 같이 밀교는 샤머니즘적 미신과 무속 그리고 쾌락적이고 세속적 불교임을 알 수 있다.

중국의 불교 역사

　중국에 처음 불교가 전래된 AD 67년은 인도에서 불교가 발생하고 약 500년이 지난 후였다.

　처음 전해진 불교는 인도 소승불교가 아닌 간다라 지역의 대승불교인 서역 불교였다. 후한(後漢: 25~220) 말인 2세기 후반에는 대승불교 국가인 쿠샨왕조의 적극적인 해외포교 정책으로 실크로드를 통해서, 서역에서 온 역경승들에 의해 불경이 한역되기 시작하면서 대승불교는 중국에서 확실한 기초를 형성하게 되었다.

　인도에서 성립된 불교 경전이 서역에 전해지고 다시 서역을 통해 중국으로 들어왔으며, 인도나 서역의 문자로 쓰여진 불교 경전이 한문으로 번역되기 시작하였다. 불교 경전이 한문으로 번역되기 시작한 것은 파르티아의 태자로 승려가 된 안세고(安世高: ?~168)와 인도의 쿠샨 왕조의 승려인 지루가참(支婁迦讖: fl. 167~186)에 의해서였다. 이 두 역경승이 중국에 온 것은 2세기 후반으로 후한(後漢: 25~220)의 환제(桓帝: 재위 146~167)와 영제(靈帝: 재위 168~189)의 시대였다. 이 두 역경승 외의 후한 시대의 역경자들로는 축불삭(竺佛朔: fl. 168~188[3]) · 안현(安玄: fl. 181[4]) · 지요(支曜: fl. 185[5]) · 강거(康巨) · 강맹상(康猛詳) · 축대력(竺大力: fl. 197[6]) · 담과(曇果) · 지량(支亮) · 엄불조(嚴佛調) 등이 있었다.

일반적으로 초기의 번역이 난해하고 딱딱한 것은 번역에 사용한 용어가 각각 다르고 번역된 문장의 형식이 고르지 않으며 음사어(音寫語)가 너무 많았기 때문이다. 그러나 후대의 역경자들인 서역의 구자국 출신으로 후진(後秦: 384~417)에서 활동한 구마라습(鳩摩羅什: 344~413)과 당나라(618~907)의 현장(玄奘: 602~664)에 의하여 이해하기 쉽게 번역이 되었다.

당시의 중국인들은 노장사상을 매개로 불교를 이해하였으

며, 오히려 이를 계기로 불교는 노장사상화되어 수월하게 한족사회에 침투할 수 있게 되었다.

결과적으로 불전의 역경에도 노장의 개념이 이용되었으며, 이로 인해 중국에서는 불교가 지닌 본래의 진취적이고 능동적인 역동성을 상실하고 은둔적으로 변화하는 단초를 낳았다.

불교를 중국에 쉽게 뿌리내리려 노장사상의 무위자연 등을 빌어 대승불교의 중심사상인 공사상 등과 연계해 이해시킨 것을 두고, 이를 '격의불교(格義佛教)'라 한다.

남북조시대(AD 386-589년)에는 왕조의 교체가 빈번하여 따라서 사회의 혼란이 극심하였다. 또한 남북조 모두 불교가 융성했다는 사실은 사회적으로 불안했음을 보여준다.

불교는 중국 땅에 정착하는 데 많은 과정을 거쳐야 했다. 인도와는 토양이 다른 중국에서 불교는 상당기간을 중국의 역사 속에서 지속되다가 남북조시대의 혼란기, 즉 A.D. 3-400년경에 들어오면서 불교가 중국사회에 급격하게 퍼지기 시작했다.

당시 상황이 유교를 중심으로 했던 한나라가 멸망하면서 혼란기에 접어들 무렵이라, 유교 중심으로 중국사회를 수습할 수 있는 형편이 못되었고, 또한 유교적인 토양에 뿌리 내리고 있지 못하던 북방의 여러 나라들이 중국사회에 들어와서 자리를 잡게 되었기 때문이다.

따라서 불교는 정치, 사회, 경제적 혼란과 아울러 사상적 혼란이 굉장히 심화되는 시기에 중국사회에서 급격하게 퍼져 나가게 되었다.

우리 나라에 불교가 전해진 시기도 바로 남북조시대였다. 고구려에 불교가 최초로 전래된 시기는 A.D 372년으로, 5호 16국 가운데 하나인 북조의 전진에서 순도에 의해서 였다. 백제에 불교가 최초로 전래된 시기도 A.D 384년으로, 동진을 거쳐 인도승 마라난타에 의해서였다. 부견이 고구려에 불교를 전해주고 난 10년 후 100만 대군으로 동진을 공격하다가 비수대전에서 크게 패하고 385년 전진은 멸망당하였다. 동진도 백제에 불교를 전해준 이후 잦은 내란으로 결국 송나라에 의해 420년에 멸망당했다.

대승불교인 서역불교가 중국에 전래된 후, 차례로 8대종파가 형성된다. 삼론종은 남경의 서하사에서 구마라습이 창시하였고, 법상종은 현장이 장안의 자은사에서 창시하였고, 천태종은 지의가 절강성 천태사에서 창시하였고, 화엄종은 법장이 장안의 남쪽 소릉원의 화엄

서안의 자은사의 현장(玄奘)

사에서 창시하였고, 선종은 하남 소림사 안휘 악서의 이조사와 천주산 삼조사에 조정이 있다. 정토종은 선도가 장안성 남쪽의 신화원의 향적사에서 창시하였고, 율종은 도선이 종남산 풍덕사에서 창시하였고, 밀종은 인도의 승려 선무외가 장안 정선방의 대흥선사에서 창시하였다.

절강성의 국청사(천태사)

선종은 중국의 도교와 혼합하여 중국에서 시작된 불교이며 다른 종파들도 인도의 불교에 중국 전통의 종교와 사상이 혼합되어 간다라 지역의 서역불교인 대승불교보다 더 변형된 중국형 불교로 만들어졌다.

중국은 오랜 역사를 가진 나라였지만 도교와 불교로 인해 영적 어둠이 깊어서 청나라 시대에는 빈곤과 무기력, 그리고 혼란이 극에 달했다.

1807년 로버트 모리슨을 시작으로 영국과 미국을 중심으로 많은 기독교 선교사들이 빛의 복음을 가지고 들어왔다.

특히, 영국의 허드슨 테일러는 중국 내륙 선교회를 만들어 1,000명 이상의 선교사들이 열악한 환경으로 많은 희생을 치르면서 중국 내륙에서 학교와 병원들을 세우면서 개화시켰다.

그 결과 미국 감리교 선교사 송가수(宋嘉樹)의 전도로 손문(孫文)이 기독교인이 되어 1912년 중국 최초의 민주국가인 중화민국을 세우고 총통이 되었다.

그는 한국독립운동 지원과 1919년 상해 임시정부 설립에 큰 도움을 주었다.

중국 진강시
허드슨 테일러 묘비

한반도 불교 역사

4세기 삼국시대에 수용된 불교는 발생지 인도 불교가 중국에 들어와 중국 문화와의 교섭 속에 정착된 중국 불교였다. 삼국시대 불교는 고구려와 백제와 신라의 문화 차이만큼 서로 다른 양상을 띠며 이해되고 수용되었다. 왕권 중심의 강력한 국가를 지향하던 삼국은 당시 고도의 사상 체계를 갖추고 있던 불교에 대해 왕실을 중심으로 깊은 관심을 갖고 국가 발전의 디딤돌로 삼고자 불교를 적극적으로 수용하였다.

한반도에서 최초로 불교가 들어온 고구려는 372년(소수림왕 2년)에 중국의 전진(前秦)의 왕 부견(符堅)이 보낸 승려 순도(順道)를 통해 삼국 중 가장 먼저 불교를 받아들였다. 3년 후에는 성문사 등 사찰을 지어 불법을 장려하였다.

백제는 384년(침류왕 1년)에 동진(東晉)에서 인도 간다라의 승려 마라난타(摩羅難陀)가 불교를 가져오자 왕이 궁중에 맞이하여 공경하였다.

그러나 고구려와 백제에 불교를 전달한 북조의 전진과 동진은 385년과 420년에 각각 멸망하고 말았다.

고구려와 백제는 거의 동시에 남북조 불교를 수용하였는데, 신라는 불교 수용이 늦어 527년(법흥왕 14년)에 불교가 공인되었다. 훨씬 전부터 신라 사회에 불교는 알려졌으나 공식적으로 인정되기까지 많은 시간이 걸렸다.

삼국에서 불교를 받아들이는 데 선도적인 역할을 한 것은 왕실이었다. 따라서, 불교는 왕실과 귀족을 중심으로 발전하였다.

고구려에서는 공(空)에 대해 깊이 이해하려는 삼론종이 크게 발달하였고, 백제에서는 계율을 내세우는 율종이 발달하였다. 백제의 겸익은 성왕 때 인도에서 율종 관계의 불경을 가지고 돌아와서 번역까지 하였다.

삼국의 불교는 그동안 전통 신앙인 무교(巫敎)가 맡던 사상적인 역할을 정교하면서 탄력적인 사유 체계와 다양한 문화

복합체로 대신하였다. 전통 신앙과 연결된 귀족들의 종교적 권위를 박탈하는 대신 인과응보설(因果應報說)에 근거한 윤회전생설(輪回轉生說)을 통해 엄격한 신분제 사회에서 귀족들의 특권을 옹호해 주기도 하였다.

우리 나라에는 대승 불교와 소승 불교가 뒤섞여 들어왔지만, 대승 불교가 그 주류를 이루었고, 여러 종파로 나뉘어 사상적인 발전을 거듭하였다. 또, 삼국 시대의 불교는 토착 신앙을 포섭하면서 보급되었으므로, 뒷날까지 토착 신앙인 무속과 융합되어 샤머니즘적인 성격도 띠게 되었다.

삼국 중 가장 늦게 불교를 국교로 인정한 신라가 백제와 고구려를 각각 멸망시키고 668년 삼국을 통일하였다.

통일신라 시대에 불교연구를 위하여 중국에 가는 승려가 많았다. 그 중 한 명인 혜초는 당나라에 건너가 719년 남인도(南印度)의 밀교승(密教僧) 금강지(金剛智)에게 불도를 배웠으며 바닷길로 인도에 이르러 사대령탑(四大靈塔) 등의 모든 성적(聖蹟)을 순례하고, 오천축국(五天竺國) 등 40여 개국을 거쳐 727년 당나라 장안(長安)에 돌아왔다.

고려는 태조 이래 불교를 국교로 숭상함으로써 수도 개성을 위시하여 전국에 많은 사찰을 지었다.

고려에서는 불교가 지극히 숭상됨에 따라 승려의 사회적 지위도 높아져 광대한 사원전(寺院田)을 차지하고 세속적인 인권도 대단하였으며 이로 인해 타락하였다. 선종과 교종 모두에서 체계적인 승려 제도가 있었고 왕의 스승인 왕사와 나라의 스승인 국사는 크게 존중받았다. 그 대표적인 인물이 대각국사 의천·보조국사 지눌·태고 보우이다.

고려 후기의 종교는 조계종의 융성과 주자학의 전래로 특징지어진다. 불교에 있어서의 조계종은 백운(白雲)·태고(太古)·나옹(懶翁)·무학(無學) 등의 활약으로 종풍(宗風)을 크게 떨쳤으나 새로 일어나는 주자학의 발전으로 불교의 정신계에 대한 지도력은 상실되어 갔다.

고려왕 문종의 아들이며 대각국사인 의천(1051-1101)에 의해 천태종이 성립되는 것에 자극을 받고 선종(禪宗)인 조계종이 성립되었다. 보조국사 지눌(知訥: 1158-1210)·백운(白雲)·태고국사 보우(普愚: 1301-1382)가 조계종을 크게 발전시켰다.

그러나 불교를 크게 중흥시키고 아들을 승려로까지 만든 문종의 뒤를 이어 왕이 된 큰 아들 순종은 왕위에 오른지 3개월만에 37세로 젊은 나이에 요절하였고, 형 순종의 뒤를 이은 선종도 44세에 죽고, 선종의 큰 아들로 11세에 왕이 된 헌종도 병약하여 14세에 요절하고 말았다.

그리고 1231년이 몽골이 침략하여 오자 고려가 몽골의 침입을 불교의 힘(佛力)으로 막아내고자 1236년 강화군에서 팔만대장경의 조판에 착수하여 1251년까지 총 16년이나 걸쳐 전시중에 막대한 재정을 들여 완성하였다. 그러나 전쟁은 26년이나 지속되어 고려는 피폐한 상태에서 1257년에 끝나고 몽골의 내정간섭을 받는 반독립 국가상태가 되고 말았다. 그러므로 팔만대장경의 제작은 미신적 불교행사였음을 알 수 있다.

해인사의 팔만대장경 (출처: 나무위키)

고려 시대에는 국교를 불교로 정하고 적극적으로 불교를 장려한 결과, 불교의 승려들이 국가 정책을 악용하여 극심한 타락을 하여 사회적, 국가적으로 급속히 쇠퇴하여 많은 외침을 당하고 결국 이성계에 의해 멸망을 당하였다.

　　조선 시대의 불교는 조선 건국 후에 숭유 억불(崇儒抑佛)의 이념에 따라 성리학적 지배 질서가 강조되고 억불 시책이 시행됨에 따라서 그 위세가 크게 위축되었다. 성리학이 향촌 사회에 깊숙이 보급되면서, 서원이 사찰의 역할을 대신하였다. 이에 불교계는 산중으로 들어가 산중 불교로 급속히 전환하여 극심한 억압과 핍박 속에서 어렵게 그 명맥을 유지해 나갔다.

한반도의 정토불교

한반도에는 신라 진평왕 시대의 승려 원광 (園光, AD 542-640)이 중국 수나라에 가서 불경을 배우고 600년에 돌아와 처음으로 정토 사상을 한반도에 도입하였고 자장(慈藏), 원효, 의상, 의적, 태현, 경흥 등으로 이어졌다. 한반도에서 정토사상이 발전하게 된 것은 삼국시대의 전쟁의 혼란 속에서 쉬운 기독교식 타력구원을 추구하게 되었기 때문이다.

한국의 대표적인 정토승려는 신라의 원효(元曉, AD 617-686)이며 아미타불을 10번만 외워도 극락정토에 태어날 수 있다고 하여 정토사상을 본격적으로 펴기 시작하였다. 정토종은 삼국시대와 고려시대의 가장 주된 불교로 위치를 차지하였다.

신라시대에 건축된 석굴암은 그리스의 헬레니즘의 양식으로 건축되어 있어 정토종도 간다라 지역의 종교였음을 증명하고 있다. 불국사에는 돌로 만들어진 십자가가 발견되어 숭실대학교의 한국기독교박물관에 소장되어 있다.

돌 십자가
(소장처:숭실대학교 한국기독교박물관)

석굴암 (출처:경주문화관광)

백제와 고구려의
일본 포교

　백제의 성왕은 수도를 공주에서 부여로 옮기고 불교를 적극적으로 장려하는 정책을 사용하였다. 그리고 경쟁국가였던 신라가 당나라와 연합해서 자주 침략해 옴으로 일본과 정치와 종교적으로 연합하기 위해 AD 538년 불교를 일본에 전하여 주었다.

　이후 성왕은 잠복해 있던 신라 군에 잡혀 신라에 끌려가 비참히 객사하고 길에 묻혀 신라인들에게 밟히는 비극을 당하였다(AD 554년). AD 588년 백제의 승려 혜총이 불상과 기와를 만드는 기능공과 사찰을 짓는 기능공들과 함께 석가의 불사리를 가지고 건너와 일본 최초의 사찰인 법흥사(현飛鳥

寺)를 짓도록 도와주었으며, AD 595년 고구려의 혜자와 다시 일본에 건너가 성덕태자의 스승이 되어 20년간 불교를 가르치어 당시 일본의 최고의 권력자였던 성덕태자가 열렬한 불교신자가 되게 하여 사천왕사를 비롯한 많은 사찰을 짓도록 하였다.

법흥사(현飛鳥寺)

법흥사의 석가여래불상

AD 602년에 백제의 승려 관륵도 일본에 와서 불교를 가르쳤다. AD 607년에 성덕태자가 건립한 법륭사(法隆寺)에 안치되어 있는 백제 목조관음부살은 일본의 국보로 정해져 있다.

그리고 교토의 광륭사(広隆寺)에 안치되어 있는 목조미륵보살반가상도 일본 국보 1호이며 백제에서 건너온 기능공에 의해 만들어진 불상으로 추정되고 있다.

법륭사의 백제 목조관음보살

광륭사의 목조미륵보살반가상

이와 같이 일본이 불교국가가 되도록 많은 영향을 주었던 백제는 AD 660년 삼국 중에서 가장 먼저 멸망하고 말았다. 그리고 고구려도 AD 668년에 나당연합군에게 멸망을 받았다.

3000 궁녀 낙화암

일본의 불교

일본의 흠명천황(欽明天皇)과 그의 가신 물부(物部)는 백제로부터 불교를 받아들이는데 소극적이였으나 백제에서 이주해온 소가(蘇我)가 적극적으로 불교를 받아들이려고 하자 물부가 반발하여 두 사람의 권력 다툼이 시작되었고 소가가 승리하여 불교가 일본에 들어 오게 되었다. 그리고 소가의 혈연 관계가 있는 성덕태자(聖德太子)가 최고권력을 갖게 되자 적극적으로 불교 장려 정책을 시작하였다.

불교가 일본에 들어오고 기근과 전염병 등 많은 국가적 재앙이 일어나자 성덕태자 다음으로 불교신앙심이 컸던 성무천황(聖武天皇)은 어렵게 얻은 큰아들이 1년 만에 죽자 아들의 공양과 국가적 재앙을 해결하려고 막대한 재정을 투자하여 동대사(東大寺)를 건립하고 전국에 사찰 국분사(国分寺)를 건립하여 더욱 국가적 궁핍이 가중되었다.

AD 733년 성무 천황의 요청으로 일본 최대 사찰인 동대사(東大寺)를 세운 사람은 백제계 행기(行基) 승려였으며 초대 주지 역시 백제 의자왕의 후손인 양변(良弁)이었으며 양변은 통일신라의 승려 심상 (審祥)과 함께 AD 750년 일본 최초의 화엄종의 기초를 만들었다.

AD 753년 당나라의 감진(鑑真)이 성무 천황의 요청으로 일본에 도착하여 천태종의 계율을 가르쳤다.

동대사

동대사의 대불

국가가 불교장려 정책으로 승려들의 권력이 막강해져서 조정에 대한 간섭이 심해지므로 AD 794년 환무천황(桓武天皇)은 수도를 사찰이 밀집되어 있는 평성경(平成京, 奈良)에서 평안경(平安京, 京都)으로 옮겼다.

히에산의 연적사(천태종)

고야산의 금강봉사(밀교)

이로 인해 무사들이 권력을 장악하게 되어 내전이 시작되는 계기가 되었다.

AD 805년 중국 당나라를 방문한 일본의 승려 사이쵸(最澄)는 절강성의 국청사(国清寺)에서 대승불교인 천태종을 그리고 쿠카이(空海)는 장안(西安)의 청룡사에서 밀교를 가지고 귀국하여 히에산(比叡山)의 연적사와 고야산(高野山)의 금강봉사를 세우고 천태종과 밀교의 포교를 각각 시작하였다.

일본은 내란 시대가 오랫동안 지속되었다. 그러므로 출가하여 엄격한 계율을 지키는 불교는 난세 시대에는 현실적으로 실천하는 것이 불가능하므로 누구나 쉽게 기독교식으로 타력에 의해 구원을 추구하는 불교인 정토불교가 크게 발전하였다. 정토불교는 내전 중이었던 한반도의 삼국시대와 내전 중이던 일본의 카마쿠라 시대(1185-1333년)에 크게 발전하였다.

일본의 호연 (法然, 1133-1212년)은 일본 정토종을 창시하였고 그의 제자 신란(親鸞, 1173-1263)은 정토진종을 만들어 오직 염불만 하면 극락정토에 갈 수 있다고 설파하여 많은 민중을 포교하였다.

그는 축첩을 하며 육식과 술을 즐겼던 방탕한 승려였다. 그 영향으로 일본의 대부분의 승려들은 결혼을 하고 육식과 술을 하는 일본식 재가(在家)불교가 되었다. 이뿐 아니라 일본 불교의 특징은 일본 불교발전에 기여했던 성덕태자와 성무천황의 불상을 만들어 공양하고 일본 밀교인 진언종의 교조 쿠카이, 일본 정토진종의 교조 신란 그리고 일련종의 교조 니치렌 등을 위해 미륵불상이나 다른 불상들 보다 더 크게 불상과 법당을 만들어 숭배하는 불교이다.

정토종의 동본원사(東本願寺)

1549년 아시아에서 가장 먼저 기독교를 받아들이고 유럽의 신무기를 가지게 된 일본은 강한 국가로 발전하여 조선과 명나라까지 침략하는 임진왜란과 정유재란을 일으켰다.

그러나 도쿠가와 에도(江戶)정부는 기독교 식민지가 되는 것을 두려워하여 AD 1612년부터 260여년간 기독교를 믿지 못하게 하기 위해 국민들이 불교신자라는 신분증을 의무적으로 소지하게 하고 집집마다 불단을 만들어 섬기게 하고 서로를 감시하게 하였다. 그리고 이사, 결혼식, 장례식은 사찰 승려의 허가 아래 행하게 하여 국민들을 통제하였다.

이와 같이 철저히 불교 정책을 펴는 기간 동안 계속되는 기근으로 하루에 수백 명이 기아로 죽고, 전염병과 큰 지진 등

여러 재앙 등이 들이닥쳐 빈민국가가 되고 인구가 2000만 명을 넘지 못하는 약소국가가 되고 말았다.

1853년 미국의 페리제독이 이끄는 미국 동인도 함대가 일본 우라가만에 입항하여 미일화친조약을 요청하자 일본 에도 막부정부는 불평등 조약을 맺고 열렬한 기독교 신자였던 미국 영사 헤리스의 요청을 받아들여 한국보다 26년이나 앞서 선교사들이 입국하게 하여 불교의 사찰들을 기독교 선교사들의 숙소와 의료 진료소 및 학교로 사용할 수 있도록 정부 차원에서 적극 협조하였다.

그 결과 기독교 학교들이 많이 세워져 기독교 엘리트들을 아시아에서 일본이 가장 많이 양성하게 되었다. 그래서 일본이 아시아에서 가장 먼저 선진국이 될 수 있었다.

현재 일본 전체대학의 10%이상이 기독교 미션 대학이고 불교대학은 5%미만이다.

쇄국정책으로 뒤쳐진 조선정부가 앞서 서양 기독교 문명을 받아들여 발전한 일본을 배우기 위해 1876년 신사유람단을 파송하였다. 통신사로 간 이수정(李樹庭)이 일본의 농업박사 쯔다 센(津田仙)의 전도로 조선 최초의 양반 기독교인이 되었다. 쯔다 센은 공자의 가르침은 방 안의 등불이지만 예수 그리스도는 우주의 빛이라는 것과 조선이 발전하기 위해서는 기독교인이 되어야 한다고 하였다.

그리고 태극기를 도안한 철종의 부마(사위) 박영효가 갑신정변을 실패하여 일본으로 망명 중 일본 기독교 유지들의 도움으로 선교사들이 설립한 명치학원대학에서 공부하며 기독교인이 되었다.

그리고 일본에서 활동하던 맥클레이 선교사가 1884년 미국공사를 통해 고종을 알현하여 조선도 교육과 의료선교사는 입국 할 수 있도록 윤허를 받아 1885년 아펜젤러와 언더우드가 빛의 복음을 들고 한국에 입국하여 영적무지의 어둠이 걷히게 되었다.

선교사들의 숙소였던 성불사

기독교 아오야마학원 대학교

인도의 이슬람교 시대

굽타왕국(AD 320-550)의 멸망 후 인도는 다시 군소국가들로 나뉘어졌다. 이 시대를 인도의 중세기로 불리우며, 철저한 계급을 중시하는 힌두교의 하층계급들은 10세기 이후 평등을 제창하는 이슬람교도를 수용하여 갔다.

델리 술탄국

AD 1206년 튀르트계의 노예출신 아비바크가 힌두교 국가였던 인도의 델리에 수니파 이슬람 국가인 델리 술탄국(AD1206-1526년)을 세웠다.

무굴제국

AD 1526년 몽골 칭기스칸 후예들이 델리 술탄국 국가를 무너뜨리고 수니파 이슬람 국가인 무굴제국(AD 1526-1857년)을 세웠다.

무굴제국도 AD 1857년 기독교 국가인 영국에 의해 멸망하였다.

무굴제국 시대에 건립한 모스크

무굴제국 수도 라홀 박물관

인도의 기독교 식민지 시대

인도는 1612년부터 네덜란드, 포르투갈, 그리고 덴마크를 비롯하여 많은 유럽 기독교 국가들의 식민지가 되었다. 1706년 덴마크 국왕 프레트릭 4세가 개신교 선교사 지겐바르크와 플루차우를 인도 남부 덴마크 식민지 트랑케바르에 파송하여 인도의 개신교 선교가 시작되었다. 그 중 영국은 처음에는 인도에서 큰 식민지를 차지하지 못하였으나, 1813년 영국의회에서 인도의 영국령에 의무적으로 기독교 선교를 하도록 의결하여 국가차원에서 적극적으로 기독교를 선교하였다.

그 결과, 1857년 영국이 무굴제국을 멸망시키고 인도 전체를 식민지로 차지하게 되었고 세계 최강국이 되었다.

또한 영국의 기독교 선교사들에 의해 인도의 악습들이 폐지되었다. 인도에는 자녀 중 첫 번째로 딸을 출산할 경우, 재앙이라고 하여 강물에 던져 죽이고 남편이 먼저 사망하면 아내도 함께 화장시키는 악습들이 있었다.

뿐만 아니라 기독교 선교사들은 아시아 최초의 대학인 세람포 대학을 비롯하여 많은 학교를 세워 문맹을 퇴치하고 병원을 세워 의료 혜택을 받도록 하였다.

윌리암 케리의 무덤

아시아 최초의 세람포 대학

그러나 인도가 1947년 영국으로부터 독립한 후 인도 중남부 지역은 힌두교 국가인 인도가 되었으며 그중에 인도 남부는 다행히도 기독교인들이 20% 이상이 되어 첸나이 등이 인도에서 가장 발전하여 교육과 경제 발전이 이루어졌다.

　　인도 북부 지역인 파키스탄은 이슬람 국가가 되었다. 1971년 파키스탄은 다시 동서로 나누어져서 동파키스탄은 방글라데시가 되어 세계 최대 빈민국가 중 하나인 이슬람교 국가가 된 상태이다.

인도 남부 첸나이 교회

인도 남부 트랑케바르에 최초로 세워진 교회

결 론

정복자 아리아인들이 인도 선주민인 드라비다인들을 다스리기 위해 만든 카스트 제도와 브라만교의 교리인 업보와 윤회는 허구이며 이 허구의 문제를 해결하는 소승불교의 해탈역시 허구일 수밖에 없다. 그리고 그리스 종교를 혼합하여 만든 초기 대승불교와 조로아스터교와 기독교를 혼합하여 만든 대승불교와 정토종 그리고 힌두교를 혼합하여 만든 기복종교인 밀교 역시 허구일 수밖에 없다.

모든 불교의 특징은 사탄 마귀를 상징하는 용과 뱀의 형상을 만들어 함께 섬기고 있으므로, 사탄에 의해 만들어진 종교임을 알 수 있다.

2세기 간다라 지역에서 만들어진 불상에는 뱀들이 오늘날 미얀마와 캄보디아 등의 사찰에는 용 위에 석가가 앉아있는 불상이나 서있는 석가의 불상 뒤에 용이 달라 붙어있는 것들이 많이 있다.

용수보살의 불상은 입을 크게 벌리고 있는 큰 코브라 뱀 위에 앉아 있는 불상이다.

그리고 귀신이 들려 무당이 된 점집들의 마크가 사찰의 마크인 卍를 사용하는 것은 불교도 무당처럼 악령에 의해 만들어진 종교임을 알 수 있다.

조선일보(1987.4.23일 7면)와 경향신문(1987.4.23. 9면) 그리고 대한불교 조계종 종정 사서실(1994년 p56-59)에 실린 성철 스님의 유명한 글이다.

사탄이여! 어서 오십시요.
나는 당신을 존경하며 예배합니다.
당신은 본래로 거룩한 부처님입니다.
사탄과 부처란 허망한 거짓 이름일 뿐,
본모습은 추호도 다름이 없습니다.

즉 사탄과 부처는 동일한 존재라고 말하였다.

석가와 용

용수보살과 뱀 (출처:나무위키)

불교의 창시자 석가는 말년 2년동안 두통으로 고통스럽게 살다가 죽었고 제2의 석가라고 하는 용수 역시 최후의 죽음은 너무 비참하였다고 전해진다. 귀신들린 무속인들도 대부분 비참하게 죽음을 맞이한다.

그래서 결론적으로 정리하자면 불교를 적극적으로 보호하고 포교하였던 아쇼카 왕의 마우리아국, 메난드로스 왕의 인도-그리스국, 그리고 카니슈카 왕의 쿠샨국들은 급속히 쇠퇴하여 멸망을 받았다.

그리고 티베트와 스리랑카, 미얀마, 캄보디아 등은 내전과 천재지변으로 빈민국과 약속국가가 되고 말았으나, 기독교를 적극적으로 선교한 영국과 미국은 최강국이 되었다는 것을 역사가 증명한다. 현재 아시아에서 개신교 기독교 비율이 가장 높은 나라 순위는 싱가포르, 한국, 대만이며 1인당 국민 소득도 일본을 제치고 싱가포르, 한국, 대만으로 바뀌었다.

인도의 종교 역시를 정리해보면 브라만교에서 소승불교로, 소승불교에서 대승불교로, 대승불교에서 힌두교로, 힌두교에서 이슬람교로, 이슬람교에서 기독교로 변천하여 보다 더 강한 종교로 변천하게 되었음을 알 수 있다. 그래서 세계의 최대 종교 순위도 기독교, 이슬람교, 힌두교, 불교 순이다.

용과 뱀은 사단 마귀를 상징한다(요한계시록 12:9).

사단은 원래 천사였으나 스스로 하나님이 되려고 타락하여 이 세상으로 쫓겨난 존재이다.

하나님의 형상대로 창조되어 행복과 모든 축복을 받은 인간을 유혹하여 인간도 신이 될 수 있다고 속이어 인간이 하나님께 불순종하게 하여 모든 축복을 빼앗기고 사단의 종이 되게 하였다. 그리고 힌두교나 불교 등의 우상 종교를 만들거나 믿도록 하게 하여 모든 고통을 받게 하고 지옥까지 끌고가며 자손 3-4대까지 멸망시킨다. 하나님의 말씀인 성경 창세기 3장에는 인간의 모든 문제는 업보나 윤회에서 시작된 것이 아니라 사단에 의해 시작되었다고 기록되어 있다(창3:1-6).

사단은 처음부터 살인자요 거짓말장이요 거짓의 아비이며, 도둑이며 강도이다(요한복음 8:44, 10:1, 10).

그래서 하나님은 성경을 통해서 사단을 멸하시고 인간을 구원 하시기로 약속하셨다 (창세기 3:15).

이 약속대로 예수 그리스도께서 오셔서 사단을 멸하려 오신 창조주이시며 구원자이시라는 증거로 수많은 기적을 행하시고 사단에 의해 고통받은 자들의 모든 병을 고치시고 죽은 자들까지도 살리셨다.

그리고 사단의 머리를 깨트리고 인간의 모든 죄를 용서하시기 위해 십자가에 죽으시고 사탄과 사망과 지옥권세를 깨트리신 참 왕이시라는 증거로 사흘 만에 부활하시어 인간을 사단과 죄와 지옥과 모든 저주에서 해방시키셨다. 그리고 500여명의 제자들이 보는 가운데 하늘로 승천하셨다 (고전 15:3-5).

그러므로 누구든지 예수 그리스도를 구원자로 하나님으로 믿고 이름을 부르면 구원을 받는다 (로마서 10:9-13).

예수 그리스도를 믿는 자는 영생을 얻은 하나님 자녀라는 증거로 평안과 행복을 누리며 예수 이름으로 기도응답과 귀신을 쫓아내는 능력을 받고 전 세계의 땅 끝까지 예수 그리스도의 증인이 된다(행1:8).

누구든지 주의 이름(예수 그리스도)을 부르는자는 구원을 받으리라 (로마서 10:13).

마귀를 멸하신 주 예수 그리스도(1530년)

일본 선교사가 본
불교의, 역사와 실체

초판 1쇄 인쇄   2025년 4월 15일
초판 1쇄 발행   2025년 4월 21일

지은이   이종우
펴낸곳   전문학교 일본신학교
주 소   日本 名古屋市中区 栄5丁目 23-8
전 화   +81-52-262-1004
이메일   jts.mission@gmail.com